東窗別照

善願淨蓉　著

國家圖書館出版品預行編目資料

東窗別照 / 善願淨蓉著. 一初版.一臺中市：樹
人出版，2022. 01
　　面；　公分
ISBN 978-626-95082-0-4（平裝）

224.513　　　　　　　　　　110019417

東窗別照

作　　者　善願淨蓉
校　　對　善願淨蓉
書封繪畫　盧雨
書尾插畫　錢金文
發 行 人　張輝潭
出　　版　樹人出版
　　　　　412 台中市大里區科技路 1 號 8 樓之 2（台中軟體園區）
　　　　　出版專線：（04）2496-5995　傳真：（04）2496-9901
專案主編　黃麗穎
出版編印　林榮威、陳逸儒、黃麗穎、水邊、陳婷婷、李婕
設計創意　張禮南、何佳誼
經銷推廣　李莉吟、莊博亞、劉育姍、李如玉
經紀企劃　張輝潭、徐錦淳、廖書湘、黃姿虹
營運管理　林金郎、曾千熏
經銷代理　白象文化事業有限公司
　　　　　401 台中市東區和平街 228 巷 44 號（經銷部）
　　　　　購書專線：（04）2220-8589　傳真：（04）2220-8505
印　　刷　普羅文化股份有限公司
初版一刷　2022 年 1 月
定　　價　220 元

白象文化　印書小舖　出版・經銷・宣傳・設計
www.ElephantWhite.com.tw　f 自費出版的領導者　購書 白象文化生活館

序

　　本書收錄的詩偈，大部分是我 2004-07 年間即興所寫，出版前改寫、續寫了一部分。特別感謝禪瘋子，保存了舊文，雖然時光逝去不復，幸而這些詩偈得以"重見天日"。

　　當年的臺灣佛教網路論壇（簡稱臺壇），薈集了各地華人網友，吟詩對偈好不熱鬧。很感恩，你們曾經出現，在我的生命裏；很榮幸，你們再次出現，在我的書裏。

　　全書分為四篇，書名"東窗別照"和篇章名愛與菩提、拉拉雜雜、醒即菩提，都是當初的帖子標題，內容經整理後重新組合。《有味無味》是我和老實說談屁論道的輯錄。

　　世間萬相萬物，都是清淨法性的種種姿態，是你我本來面目的展現。青紅皂白，無非菩提之印。

　　過往的點點滴滴，如今看來雖然稚嫩，甚至有些拿不出手，卻是不能磨滅的舊日印記。

　　朝東，故而取名東窗別照。

　　開一扇窗，願心光照亮你。

目錄

➡第四篇 醒即菩提

第一篇　愛與菩提

愛與菩提（一）

大夢初覺鼾忽忽，
夢真一如肚咕咕。
愛與有情菩提路，
跋山涉水空無物。

真心

江南秀色草青青，
湖光山林遍含情。
觸目盡是赤子音，
更向何處覓真心？

枯木

有情息心作枯木，
枯木逢春化凡夫。
青山有路苦識途，
冬雪無徑步自舒。

和善友三生石

浮生戲飾淋漓曲，
笑自無言把頭屈。
三生石上伶仃句，
縱是情深何所拘？

和老實說三生石

若將此心比銀幕，
三生石上不留佇。
然則空華亦錦簇，
更向唇樓唱梁祝。

和善友愛的真諦

愛的真諦涅槃因，
一行中蘊無量行。
不隔不別起圓信，
心月朗朗耀古今。

若為情狂戲奇巧（一）

回眸舊文不由笑，
若為情狂戲奇巧。
本自無心臺壇訪，
怎遇戲迷興致亢。
戲中得逢結群豪，
歡聲笑語景象好。
武林大會世無雙，
各顯神通技高超。
神仙羅漢臺前靠，
仁者大德跑龍套。
一時之間好熱鬧，
俠路齊聚樂陶陶。
幫主枝頭一粉桃，
青青澀澀地上跳。
初來乍到不開竅，
手舞足蹈慌接招。
出世奇葩開悄悄，
禪瘋師兄至尊寶。
文思泉湧突突冒，
刀光劍影玩得俏。
幫主無知姿清高，
任性貪玩展腿腳。
禪瘋師兄來關照，
幫主冥頑聽不到。
忽悟無常執為牢，
情場道場頓明瞭。
遠去西安帶棉襖，
噓寒問暖話不少。

三更半夜網吧泡，
只想見聞與君紹。
拈花惹草令人惱，
言溫辭暖似懷抱。
莫名其妙起狂潮，
重歸於靜雪裏嬌。
每天上班起得早，
第一件事開電腦。
看見禪兄不神慌，
不見禪兄急尋找。
如此情況真糟糕，
境像分明由心造。
一天到晚有沒飽，
開口閉口早睡覺。
囉囉嗦嗦像大嫂，
天寒地凍恐衣薄。
聖誕賀卡小豬妖，
錯把神父當您老。
派偶照片問候捎，
君喜髮夾來相要。
小小髮夾不值道，
欲要髮夾地址告。
又言電話一併報，
難道叫您湖心找？
生日那天出言擾，
回頭還說偶通宵。
偶與無忌一直聊，
你說見了白眼吊。
嘰哩咕嚕發牢騷，
轉眼拔腿兔般跑。

反反復復實太傲，
幫主恨得牙直咬。
自以為是棋局妙，
臺壇仿若你戰壕。
既編又演還學導，
厚顏無恥無辜裝。
豈有此理不容毫，
心念不正怎能饒。
回頭想想人還好，
與偶無關何必拷。
去信不回偶計較，
白浪滾滾水滔滔。
居然此事反栽贓，
罵偶又怕挨剪刀。
最是打渾老油條，
不想正眼把你瞧。
不見為淨先安稍，
顧來盼去坐孤島。
東張西望四處瞄，
他人貼中吱吱鳥。
裝個貓兒喵喵喵，
又學老鼠叫叫叫。
給你電話你又 cor，
國際長途不懂搞。
喃喃自語嘮嘮叨，
到處不見小紙條。
恍恍惚惚形似飄，
迷迷糊糊非常刁。
如此態度意中料，
故伎重演原版傚。

幼稚園裏木板蹺，
一頭低來一頭翹。
說偶搖滾又吹簫，
想罷真想對天嘯。
收拾心情復晴朗，
碧空振翅偶長翱。
時陰時雨實在懊，
愁腸鬱結無處表。
百倍難忍受煎熬，
氣急敗壞欲出逃。
外表柔弱性桀驁，
誰敢當偶小羊羔？
若是就此陷泥淖，
不再妄稱花逍遙。
好歹也是近鄰邦，
臺壇相識此緣韶。
禪兄智慧堪才高，
高人從來都寂廖。
黃沙鋪天淘又淘，
交個朋友好光韜。
雖然是非常顛倒，
喜怒哀樂當觀照。
幫主雖花佛家苗，
除去雜草種葡萄。
查個區號都沒瓢，
只顧埋頭狂撥號。
這等小事偶心操，
朋友同事問來抄。
拽根麻繩將你套，
劈哩啪啦金鐘罩。

一通電話怒氣消，
說是要與清白邀。
未置可否將齒撬，
當是修行在寺廟。
眷眷囑咐連珠炮，
全盤皆收無須挑。
昨日領導又如豹，
氣打一處偶發飆。
聲聲親昵將偶叫，
響馬頭兒射飛鏢。
版主提醒語輕佻，
改名歸正資格保。
禪兄慈悲但莫淆，
言語均須細推敲。
幫主也非黑眼貓，
雖說愚笨心兒糙。
幾次三番與君吵，
從未執迷疑不肖。
睡眠要緊早睡覺，
寒夜上網加件袍。
前塵往事如煙裊，
唯翻舊貼才知曉。
昨夜星辰今夜皓，
看得幫主眼呆掉。

若為情狂戲奇巧（二）

若為情狂一齣戲，
臺壇眾生看入迷。
終其一生戲中戲，
萬壑千坎實亦虛。

若為情狂戲奇巧（三）

情景模擬亂方寸，
既是戲文怎當真？
世間多少無明漢，
不知世事棋一盤。

若為情狂戲奇巧（四）

快意人生戲連臺，
十方諸佛聚眼前。
是非恩怨如浮雲，
聊假幻妄明真心。

若為情狂戲奇巧（五）

人生本來一齣戲，
諸佛菩薩拼演技。
有眼難識個中秘，
卻笑從來悟者稀。

愛與菩提（二）

若為情狂戲奇巧，
愛與菩提仔細敲。
綿綿情殤恨難消，
滾滾業湧轉念悄。

愛與菩提（三）

業浪滔滔愛無底，
妄心頓歇即菩提。
愛恨情仇若遊戲，
明心見性夢幻息。

愛與菩提（四）

翻看昔日的隨筆，
往事一幕幕重提。
情是折磨人利器，
也是可證悟菩提。

覺有情

無端情緒悟業力，
襤褸情途味菩提。
菩提薩埵覺有情，
薩埵菩提情清淨。

菩提行

蒼山碧水莫非情，
百界千如妙明心。
即俗修真常梵行，
菩提眷侶琴瑟馨。

情執（一）

漫漫情關終須闖，
尋得正道已滄桑。
為情消瘦多愚妄，
磨去執著不癡狂。

情執（二）

豪邁瘋子何處來，
逍遙幫主哪方仙。
情真反銷無明栓，
無執更促慈悲願。

情執（三）

本無你我同一身，
自心分別太較真。
情絲煩惱斬光光，
情真無執自在王。

多情 無情（一）

若是多情偶不愛，
無情之子情似海。
曲終人散世常態，
雲開總見月翩來。

多情 無情（二）

心本無物任情長，
為誰癡來為誰悵。
大地山河皆佛慧，
多情還需智來捶。

多情 無情（三）

飛蛾撲火愛一番，
深昧眾生情苦參。
天地升沉一念間，
多情菩薩悲淚漣。

情場 道場（一）

為伊憔悴意料外，
或是提醒執未改。
忽悟佛法真無量，
情場原來是道場。

情場 道場（二）

情場原來是道場，
劃地自限願難償。
豁然開朗好舒爽，
智慧通達路無障。

情場 道場（三）

情場道場不二場，
個中諦理細思量。
法法圓通門路長，
哪個不是福慧糧。

常與無常（一）

牛郎織女會橋巔，
黑夜流星划天邊。
喬裝忙碌無暇憐，
常與無常皆歡顏。

常與無常（二）

恩怨情仇業相勾，
因因果果環環扣。
緣生幻有體性空，
無與無常共謙恭。

常與無常（三）

滄海桑田境相遷，
真我佛性終不變。
愛我恨我誰是我，
常與無常俱不著。

愛與菩提（五）

愛情
不過是種
心甘情願的錯覺
給無執的人生
增添點專執的情趣

愛情
不過是次
有備而去的墮落
讓明朗的步履
走入無法預計的軌跡

愛情
不過是趟
峰迴路轉的菩提
換換口味
在甜甜蜜蜜
勾心鬥角裏
窺一窺五蘊空理
悟一悟如來真意

第二篇　有味無味

有味無味（一）——和老實說談屁

有味無味都是氣，
明裏暗裏一個屁。
時候一到往外擠，
靈光乍現法界齊。

有味無味（二）——同一味

有味無味同一味，
牛乳酥酪醍醐萃。
哈哈笑笑齊聚會，
也無屁來也無贅。

有味無味（三）——本來真

有味無味皆客塵，
無明妄想本來真。
一音圓暢二足尊，
隨緣同赴光明村。

哪裡生

西裝褲中陣陣崩，
小小地瓜味大噴。
你聞我聞一起聞，
無明妄想哪裡生。

無明地瓜

有個老實不老實，
屁裏尋香實太癡。
遍地如來他不識，
無明地瓜將它吃。

說話中聽

老實說話偶中聽，
胡腔漢曲鼓瑟馨。
幫主今晚昏瞑瞑，
明晚再來論屁經。

三人成行

一個禪瘋嘰嘰咕，
扯上老實心肝吐。
幫主雞腸氣呼呼，
老實白眼魚皮肚。

老實吃食嚕嚕嚕，
禪瘋發哆嘟嘟嘟。
幫主睡覺呼呼呼，
三人成行唬唬唬。

深夜談吃

深夜談吃老實哇哇，
禪瘋冒頭眨眼呱呱。
幫主呃嘴說聲 byebye，
大家散夥麻將嘩嘩。

一口吞

小小地瓜鍋裏燉，
香香甜甜味道純。
熟了熟了趕快盛，
煩惱憂愁一口吞。

表相屁（一）

老實放屁禪瘋匡，
心不著力表相屁。
管它禁忌和無忌，
即心即佛即顯密。

表相屁（二）

禪家不在坐臥立，
表相功夫向外覓。
即心即佛即顯密，
誰是黃檗誰臨濟。

秉燭論屁

小小地瓜法義高，
我和老實把屁嚼。
秉燭論屁辰光好，
夜半常念老實貓。

究竟一如（一）

老實豬豬扭屁股，
嘴巴噘噘真糊塗。
識得醒醉一一如，
究竟一如是何物？

究竟一如（二）

究竟一如是何物，
落於究竟迷路途。
醒醉一如不糊塗，
醒醒醉醉馬馬虎。

夜不眠

老實夜半又發癲，
呲牙瞪眼耳生煙。
自古好漢夜不眠，
白光仙桌奶油甜。

江山多嬌（一）

逍遙說屁露高招，
老實放屁有一套。
江山多嬌屁來淆，
自在無染風光俏。

江山多嬌（二）

看山是山費思量，
聞屁辨屁細端詳。
江山多嬌本模樣，
不著風光空妄想。

老實心惦惦

恍然夢醒私念消，
牽牽惦惦卻悄悄。
小豬屁屁翹翹翹，
幫主心兒跳跳跳。

老實送禮

老實陪偶玩倒立，
見沒見到有禪機。
老實為人真大氣，
人見人送屁作禮。

圍觀群眾

老實小弟變色龍，
禪瘋大俠鼻涕蟲。
Lan 伯丫四處拱，
先子帥哥瞅門孔。
逍遙幫主眼紅紅，
改頭換面作門童。

屁理歪唧唧

老實屁理歪唧唧，
幫主嘴上笑嘻嘻。
有屁不放是誰逼，
有屁亂放不稀奇。

老實屁理歪唧唧，
幫主嘴上笑嘻嘻。
有屁不放自己逼，
有屁亂放把人欺。

有屁難放

有屁難放苦無計，
無香可聞登天梯。
老實便秘秋瓜急，
幫主難解隔夜屁。

有屁難放苦無計，
無香可聞登天梯。
幫主唯解當下屁，
莫留明朝便秘急。

有屁當放

有屁當放直須放，
莫待明朝如廁忙。
書生憋屁椅上慌，
浪子狂笑屁豪放。

屁裏聞香

屁裏聞香如來藏，
地瓜解屁來幫忙。
老實臭屁回腸蕩，
空放春秋好文章。

一門深入

一門深入古今理，
小小地瓜高法義。
屁裏聞香眾人疑，
地瓜說屁紛紛避。
地瓜即是登天梯，
當悟得悟登無極。

體相如如

體相如如不二義，
色心不異空是屁。
誰人欲破其中秘，
借聞老實地瓜氣。

你來參

聞屁說屁話來纏，
絲絲繞繞變成繭。
緣來如此你來參，
待有慧眼破心欄。

第三篇　拉拉雜雜

映遍千載月（一）

映遍千載月，
採盡萬種花。
姹紫如煙物，
皆是執著化。

映遍千載月（二）——網名連綴

冷月掛天邊，
俯瞰江河水。
荷田君何在，
衣空笑嬋娟。

映遍千載月（三）——攜手

銀波托碧葉，
青月映紫蓮。
相視笑無言，
攜手聽滄海。

映遍千載月（四）──聚散

來亦來，去亦去。
聚亦聚，散亦散。
明月不改舊時顏，
徒留清涼照人間。

映遍千載月（五）──觀

觀人不觀己，
觀己不觀心。
觀雲觀月不觀你，
觀水觀魚不觀趣。
你問我在哪裡？
在哪裡？
明月無聲並無題。

映遍千載月（六）──風流

秦時明月今猶在，
風流萬古存枯骸。
莫道瀟灑眾難離，
一夜霜落棄如絮。

映遍千載月（七）——世態

冬去春來本自然，
世態炎涼也應該。
月圓月缺潮漲汐，
時晴時雨人面異。

映遍千載月（八）——關山萬里

關山萬里月如鉤，
晨霧氤氳鎖纖愁。
秋風已葬舊人淚，
空將冬棉枕鴛夢。

映遍千載月（九）——走我路

無怨無悔走我路，
嘻哈纏綿蕩江湖。
不眠不休夜如住，
愁思如珠月如酥。

映遍千載月（十）──鏡花

春寒料峭滿月掛，
橫風豎雨洗月華。
卻把臺壇緣來話，
癡人織夢寫鏡花。

晴天

碧空萬里有雲翳，
斜靠老樹飄紫衣。
蔭遮猶落金萬粒，
舉袖輕拂愁顏去。

逍遙客

清茶當酒對天歌，
酸甜苦辣作曲和。
我本是個逍遙客，
煩惱無明奈我何。

微風話珍重

初春時節春微風，
春風不似秋風紅。
風光不論舊日同，
只在旅程遊興濃。
客居紅塵若花叢，
此心恒常敝亦榮。
藉風來把話兒送，
四季無常多珍重。

三月十二日大雪

鋪天蓋地大雪籠，
棱花爛漫賽隆冬。
一個踉蹌撲嚨咚，
一樹臘梅遍地紅。
來日春暖冰霜融，
有人雀躍有人懦。
真空妙有萬法共，
參差萬類法性同。

龍行於世

見龍在田泥裏藏，
自得其樂享安康。
飛龍在天雲間航，
從容恬淡隱光芒。

風光

滔滔碧水一線天，
漫漫黃沙駝鈴間。
幽幽青山連綿遠，
漠漠紅塵霞映遍。

知音

茫茫人海知音少，
尋常兒郎歎孤傲。
至真至純何問天，
歷歷心計現於前。

芬濟

深秋悲涼芬濟曲，
禪瘋喃喃淚欲啼。
老實意亂徒問崎，
逍遙路驛餘歎息。

回微笑真假用功

真假用功細細云，
本性如如道得明。
詩好可惜不押韻，
看得幫主眼犯暈。

回微笑本自如如

本自如如不可明，
不明所以言語輕。
喜笑怒罵淚盈盈，
茶餘飯後當笑柄。

坦途

功名利祿塵與土，
談佛論道不唯苦。
談情說愛蒸與煮，
逍遙自在不離譜。
耳畔鳥語聲聲楚，
伶吟天籟何為鼓。
長空漫自任悠浮，
光明澄澈登坦途。

談出家

生命道路自己走，
眾說紛紜莫能愁。
氤氳霓虹不眷戀，
或能警醒眾人念。
苦樂福壽有因緣，
迷途未返才哀憐。
了生脫死如來業，
大智大勇丈夫肩。

飄塵

飄若塵遊離，
只是夢而已。
縱有意千億，
世易時已移。

擺渡翁

孤海擺渡翁，
飄忽現影蹤。
腳踩八仙舟，
頭頂七彩虹。

功夫禪

忙中偷得閑，
偶來轉臺壇。
愚行與笑談，
都是功夫禪。

和禪瘋子意動心不動

瘋子意動心不動，
幫主風幡兩不動。
風幡未動心未動，
將就湊合誰來送？

瘋子意動心不動，
幫主風幡兩不動。
花前月下把茶奉，
燦然一笑皆震動。

瘋子意動心不動，
幫主風幡兩不動。
龍象俠女別亂碰，
瘋子騎驢頭撞痛。

瘋子意動心不動，
幫主風幡兩不動。
滿頭膿包還真痛，
亦癲亦狂倆隨風。

瘋子意動心不動，
幫主風幡兩不動。
夢中癲狂情意重，
醒時萬念皆虛空。

和禪瘋子一身腥

幫主聽得輕聲應，
一呼二喚三喊停。
青蔥包子油腥腥，
問你瘋子醒不醒。

瘋子此話不中聽，
嘴停涎停心未停。
加快腳步向前行，
一個踉蹌現原形。

和禪瘋子漫漫長夜冷清清

冉冉清晨涼嗖嗖，
窗外鞭炮轟隆隆。
萬物初萌鬧哄哄。
誰發噪音我瞅瞅？

和禪瘋子浙江臨海吾家鄉

浙江溫嶺我生長，
千年曙光照吉祥。
臨海溫嶺搶得慌，
原來禪瘋是近邦。

上臺下不來

莫道上臺下不來，
不曾上臺怎下臺。
走馬觀花影相伴，
閱盡癲狂嗔癡貪。

靜明來了

今日懶陽雲藏藏，
彼處怨婦罵操操。
掃去塵灰清爽爽，
靜明無私亮堂堂。

叫娘

偶娘生性好慈祥，
瘋瘋癲癲休妄想。
幫主靦腆卻輕狂，
見字如面理應當。

叫聲親娘本無妨，
幫主年少不敢當。
叫啥小名快報來，
為娘為你作衣裳。

蛤蟆（一）

欲知是誰在呱噪，
縱身便往浴池跳。
瞪大眼睛仔細瞧，
原來有只蛤蟆叫。

蛤蟆（二）

四腳蛤蟆眼朝天，
各路英豪未瞧見。
撲通一聲跳下水，
管它槍戟與刀劍。

蛤蟆（三）

蛤蟆神功不簡單，
明心見性非等閒。
成佛作祖難中難，
但求用心誠與專。

回 Lym 划拳鏽腿不差

Lym 善槍長劍法，
不妨當場耍一耍。
獨樂眾樂齊樂吧，
幫主為你放煙花。

和 Lym 二十五馬上到

二十五號馬上到，
新婚郎君無處找。
食多咽難胃栽倒，
偶要一個就夠了。

和 Lym 假戲真作

戲本無真假即真，
百般困頓是否蠢。
情到癡盡誰能肯，
一遭期誠剩風塵。

瞌睡

恍恍惚惚眼朦朧，
咕咕嘰嘰肚子空。
方聞睡蟲連番轟，
下線上床夢周公。

上班

六點十分起了床，
刷牙洗臉不匆忙。
爬上汽車出發噢，
半個小時到站上。
吃點東西再開道，
徒步一刻見廠房。
七點五分來得早，
辦公大樓人跡少。
明早多睡會懶覺，
六點二十再起床。
唏哩嘩啦一通聊，
看一看錶上班了。

平安夜寄思

平安夜裏毛毛雨，
百無聊賴坐屋裏。
下午窗口望出去，
盛裝新娘著白衣。
如此天氣凍煞滴，
今天日子倒吉利。
想起那年真捉急，
伴娘做到嘩啦唏。
年初偶姐出嫁哩，
挺著肚子車漸離。
次月降生外甥女，
恍惚如夢偶做姨。
這個世界變化奇，
不知不覺日月異。
偶被丟在垃圾裏，
搓著眼睛問東西。
聖誕元旦沒意義，
形隻影單無所依。
明年規劃且拋棄，
還是上網 QQ 去。
過節 QQ 沒人氣，
無聊人聊 ＥＲＰ。

哎，
打個電話給無忌，
飄泊無蹤客地居。
行色匆匆步履急，
路人如流襯孤寂。

都是紅塵過隙旅，
萬般愁緒無處寄。

外面鞭炮又響起，
喧鬧紛紛催人憶。

多年以後思念立，
百轉千回欲涕泣。
君戀佳人苦無敵，
隱隱心痛五年期。
西子湖畔獨踽兮，
桃紅柳綠可知悉？

二月二日永銘記，
拍我肩膀是緣起。
清新不染童稚氣，
刻骨銘心狂漣漪。
痛並快樂集如一，
才消當初情絲絮。
自知向後享妙趣，
若是往前劫難即。
飛蛾撲火奔前去，
遍體鱗傷不逃避。
有苦難言從不啟，
心灰意冷不忍棄。
母愛眷眷常問及，
絕口不提笑嘻嘻。
形容憔悴淚如洗，
只向好友覓方計。
同事相邀臨海去，

危樓又遇風波襲。
一線生機終滅跡，
父母得知怎容許？
僅遵父命遠遁去，
輾轉不眠徹夜啼。
藕斷絲連莫能惜，
涕淚相伴瘦如雞。
十月一日烙心底，
TOM 又來找 JAKKY。
舊傷難愈未平息，
雪上加霜血淋漓。
肝腸寸斷難自抑，
從此不再存幻曲。
除夕來電示愧意，
又言開始我心感。
不再有恨坦蕩矣，
善言好語開導其。
祝福 TOM 擇佳侶，
TOM 卻言唯 JAKKY。
時過境遷怎拾起？
仿如生人怎合聚。
一年半載若鏡擬，
恰似禮花散次第。
平安喜樂寄我意，
電話那頭卻無息。
或許無言再以語，
TOM 不再理 JAKKY。

浮浮沉沉兩載去，
痛定思痛從頭起。

終得燦爛境悅愉，
迎風颯然笑期許。
喜怒哀樂全忘記，
既往開來好運氣。

虛空遊

虛空漫自遊，
南牆撞破頭。
念起緊箍咒，
遍地翻跟鬥。

虛空漫自遊，
南牆撞破頭。
緊箍還不夠，
缽盂往上扣。

hello 悉達多

哆唻咪發嗦，
大步向前走。
仰頭又伸手，
hello 悉達多。

玩火

玩火必自焚，
孑然戴罪身。
充軍入凡塵，
難中苦求恒。

月德來了

月娘慈心宮，
德孕菩提種。
來入花坊中，
了緣茶一盅。

和無忌夜半網上瘋

晚上好大風，
刮得耳朵痛。
爬樓咚咚咚，
喘氣吼吼吼。

夜半網上瘋，
腦袋嗡嗡嗡。
睜眼三節棍，
閉眼飛刀跟。

左腳鎮狂風，
右腳踢乾坤。
左推霹靂掌，
右握拳鎖魂。

和無忌射雕

令狐掌門堪稱豪，
段譽情真才亦驕。
我學郭靖射大雕，
自在逍遙桃花島。

誰人能比黃蓉俏，
哪個更及語嫣嬌。
算來數去嘎嘎笑，
嘻嘻哈哈偶逍遙。

令狐段譽我最愛，
癡情喬峰見猶憐。
郭靖憨直我出汗，
始亂終棄表哥踹。

風流倜儻本無妨，
莫做那個段家王。
形癲神明倒健康，
對照是否田伯光。

瘋子禪（一）

急雲驟雨瘋子禪，
情真義切似火山。
嘮嘮叨叨不嫌煩，
唧唧歪歪真暈菜。

瘋子禪（二）

瘋子頑皮不頑劣，
虛榮難改習作怪。
酸甜苦辣且當菜，
證得無上真涅槃。

憶偶像

傷感淒麗聽大地，
再念當年黃家駒。
昔人乘鶴已歸去，
生者激進謂珍惜。

我自振臂向天嘯，
天是羅伯特巴喬。
我自附耳問芭蕉，
芭蕉小明本姓姚。

憶故人

新年之際念青衣，
性情女子好靈氣。
業有小成實不易，
三十又一結夫婿。
毅然棄職遠道去，
追隨夫君南京居。
如此女子當珍惜，
相攜到老甜如蜜。

大智若愚黑皮魚，
相逢猶疑前世遇。
磨卻今生世俗氣，
輪迴無期早脫離。

米蘭非花而是狼，
為球癡來為球狂。
跪地七時頭不昂，
孽債還得淚來償。
願得賢妻性大方，
伴你一生路康莊。

吳心之心瀕頹喪，
吳心之樹早滄桑。
吳心之心本豪放，
吳心之樹待芬芳。
陽光明媚泄春光，
鷹飛蛙鳴草如蟒。
無處不在暖陽光，

俯仰欲拾卻遠方。
逢場作戲偶篇章,
秉性不改苦無常。
願得真智不虛妄,
來生定往佛前唱。

論人品

酒徒釀酒還不賴，
紅燒搖滾非偶愛。
楚歌率性稍嫌濫，
劍客情真卻徘徊。
魚浮半空甚感慨，
轉身伊人投入懷。
都是浮世尋常男，
酒徒釀酒猶可讚。
連個酒徒都不趕，
嚷個千年也無奈。
山外有山天地寬，
一葉障目空悲哀。

新年感懷

去年此時不張慌，
魚來蝦往應酬忙。
夜半獨自聽花香，
感懷誰像許紹洋。

睹物思人憶發黃，
觸景生情悲愈猖。
日新日異不惆悵，
漸行漸遠微迷惘。

新年許願

新年又許新願望，
父母平安又健康。
姐姐姐夫生意忙，
弟弟在外工作棒。
調皮甥女嘰喳鬧，
快快樂樂把歌唱。
慈祥外婆福壽長，
一心向佛往西方。
逍遙幫主倒無妨，
隨緣隨性莫能擋。

髮夾

瘋子成天叫得慌，
小小髮夾舊倒俏。
統統給你接好了，
省得拿它做文章。

給你一個要收好，
瘋瘋癲癲會亂套。
紮得滿頭都是包，
乖乖學著去抓藥。

禪瘋師兄瞎胡鬧，
小小髮夾纏著要。
無忌師兄愛說笑，
幫主看了直要叫。

禪兄此言還厚道，
幫主老套不胡搞。
請將地址來相告，
他日便能收郵包。

小小髮夾來相送，
且將隻言託孤鴻。
浮生一夢話匆匆，
菩提路上做愚公。

圍巾

喂喂喂，你別催，
搞根圍巾把你圍。
風霜雨雪你來背，
黑燈瞎火往前推。
別說誰贏和誰虧，
末了都是一堆灰。
憂思怒哀恐為鬼，
自心生魔始徘徊。
執謬逐相青蓮萎，
正知未覺苦輪回。
心地無私翩翩飛，
正大光明熠熠輝。

凍瘡

天長地久雙翼飛，
幫主奔跑誰來追。
上班起早又摸黑，
聊聊無聊蒙頭睡。
晴空乍現一驚雷，
一不小心凍瘡隨。
看見凍瘡扁扁嘴，
腳趾腫得像烏龜。
什麼暖冬雨夾雪，
豈有此理騙我輩。
什麼單飛與雙飛，
不及凍瘡散如葵。
平常日子淡如水，
酸甜苦辣親手燴。
一個幫主就夠霉，
偶管追的他是誰？

快樂幫主花

快快樂樂幫主花，
一天到晚笑哈哈。
辛酸苦辣齊嘩啦，
煩惱憂愁全咔嚓。

鮮言寡語幫主花

鮮言寡語幫主花，
酸鹹苦辣肚中化。
心宙寬廣無邊劃，
何須言語來表達。

文秘班喜事傳

星光璀璨文秘班，
接二連三喜事傳。
熱心同學馬後鞍，
逍遙幫主來吶喊。

陰雨天牢騷

陰雨天氣真是悶，
辦公室裏頭發昏。
嘻皮笑臉來相問，
賠禮道歉也無門。
非是我輩弱幼嫩，
與人為善性柔韌。

TOM 說偶心太狠，
可記當初偶如焚。
舊嫌盡棄態誠懇，
別找藉口將人蒙。
只求君道一句真，
煙消雲散怨與恨。
什麼事實都能承，
什麼結果偶都認。
卻將真情籌碼捧，
恣意而為錐心疼。
忍無可忍無須忍，
拂袖而去海天任。
跪地三尺也無能，
涕淚縱橫妄留塵。

豬頭暴躁太蠻橫，
扁臉圓眼口如盆。
屢次三番頻發瘟，
執迷不悟可憐人。
尊重二字似利刃，
請臥床頭慢慢啃。

日子

新年應有新氣象，
稀裏糊塗沒方向。
日子就像一道牆，
年復一年舊模樣。

踏實過日子

歡歌笑語終有時，
曲終人散尋常事。
嬉鬧玩耍雖多滋，
安得自在復隱世。
如鳥獸散莫道辭，
分奔東西歸現實。
炎涼冷暖皆自知，
各拾塵緣了相思。
沉作詞來浮為詩，
踏踏實實過日子。

和禪瘋子對詩（一）

瘋子休嫌個不高，
只因當初太焦躁。
呱呱三聲初出道，
不用爬來竟用跑。
事到如今哭啕啕，
嘰哩哇啦也白嚎。
若想腿兒長挑挑，
再到娘胎走一遭。

和禪瘋子對詩（二）

八哥聒噪您高貴，
八哥講話聲聲脆。
飛彈連連排排推，
瘋子講話煙灰飛。
彈殼當當一堆堆，
八哥嚇得直後退。
硬將八哥來擠兌，
氣得八哥酒喝醉。

和禪瘋子對詩（三）

瘋子腦袋真菜鳥，
一天到晚尿尿尿。
行軍百里路迢迢，
回頭望望水淼淼。
原來瘋子量太好，
一瀉千里船搖搖。
那日公車載客少，
突然洪水嘩嘩秒。
水深及膝不用瓢，
開門洩洪眾人逃。
瘋子掩嘴偷偷笑，
小試牛刀也狂潮。

和禪瘋子自言自語殘篇

禪瘋師兄真叫怪，
有時拽來有時壞。
七顛八倒太能侃，
胡吹海聊詞如山。
說是電腦實在菜，
不會登錄沒法看。
找個密碼找半天，
搞來搞去沒明白。
偶看不是腦袋癱，
鬼鬼祟祟耍心眼。
裝模作樣擺姿態，
妄想臺壇全玩轉。
嘴上佯歎倒楣蛋，
唏哩嘩啦樂得歡。
唧唧呱呱唱又彈，
驚天動地菩薩蠻。
風風火火像比賽，
事到臨頭溜得快。
讓人盼到眼睛酸，
仔細一看煙霧彈。
鳴鑼喧鼓戲重來，
一不留神將你賣。
雨過天晴又扮乖，
迷迷糊糊裝可愛。
嘻嘻哈哈色不改，
痛心疾首勇向前。
不是瘋子無人管，
一切皆因心念歪。

終於樹倒猢猻散，
東張西望無人煙。
工於心計作安排，
老奸巨滑活秦檜。
莫名其妙不堪猜，
匪夷所思首當選。
區區地址不值談，
言而無信令人寒。
想要電話也不難，
語出傷人我心顫。
反反復復野孤禪，
休到東方稱不敗。

和禪瘋子藍色憂鬱划天際

藍藍海水藍天際，
藍色憂鬱裂罅隙。
肖邦高奏圓舞曲，
漢斯羅特譜悲淒。
怒濤褪去化狂喜，
狂心驟歇潮頭棲。
靡靡陰鬱揮袖去，
光明通體波羅蜜。

戲癡

恩恩愛愛朝朝暮，
風風雨雨秦與楚。
臺上打諢稔相熟，
臺下相敬小叔叔。
含羞遮面吱吱唔，
願執一生著戲服。
來生定當作呂布，
抱得貂嬋為我婦。

幫主自嘲

光說不練幫主花，
形影相弔叫哇哇。
談情說愛太複雜，
搞得不好便要掛。
未雨綢繆牆洞挖，
狗矮牆高不咔嚓。

幫主從小就很懶，
三從四德難變乖。
雖然腦袋還不賴，
有時聰穎有時菜。
數學老師偶不愛，
理化後來就變壞。
四書五經從不看，
白話易經只前半。
花心蘿蔔偶最拽，
眼中人兒月月換。
一二三四像書翻，
舉不勝舉樂得歡。
對鏡自憐偶常歎，
蒙頭大睡爽酣酣。

正月十四

正月十四月不晦，
KTV裏偶喝醉。
顛來倒去真受罪，
活該死該一張嘴。
頭暈噁心身體瘁，
思前想後省悔最。
記得那回還沒醉，
肚子太脹去放水。
雙腳像踩棉花堆，
搖搖晃晃男廁回。
戒了戒了酒精鬼，
胡吃海喝傷肝胃。

正月十五

正月十五鬧無宵，
張燈結綵好熱鬧。
天又下雨眾人毛，
躊躇無轍到處撓。
賞燈猜謎幻影泡，
舞龍戲獅沒得瞧。
幫主無聊被中貓，
禪瘋老實網上喵。
相距太遠聚不了，
若是相鄰那多好。
提著燈籠追趕跑，
大夥一起逗著笑。
怎奈海峽闊渺渺，
一時三刻不能到。

老實真嗲

老實老實真是嗲，
五味雜陳非是誇。
廁中食魚被刺卡，
舀起渾水呼唏啦。
抹抹嘴巴咂咂咂，
打打飽嗝嘎嘎嘎。
皓月當空高高掛，
岌岌茅廁放光華。

　　諸看倌：
老實不著屎尿屁，
玩笑互損您莫急。

瘋仔說話

瘋仔說話勢昂然，
石頭炸藥隨偶搬。
宅心仁厚幫主嬋，
小試牛刀掂石塊。
兩名大漢過來抬，
舉起石塊砸向前。
別跑別動嘴別裂，
看你凜然不凜然。

開題

開題千萬意亂啼，
落葉遍地拾無息。
清風欲解西來意，
笑傲江湖琴蕭曲。

道別

來時應知去時空，
笑傲江湖意猶濃。
臨行瀟瀟細雨中，
雨亦知心道珍重。

世道

世道公道不可道，
因緣果報自己造。
爭來奪去好熱鬧，
東法西法全忘掉。

和柴門半掩月來關

柴門半掩月來關，
對面湖山銀光寒。
朝花晨露幾多秋，
倚扉憑欄何年柳？

和子象一支花

老象說偶一支花，
臺壇論劍亂嘩嘩。
忖問寸心許誰家，
先子淡笑指洛迦。

和蓬萊不敢先子洛迦花

鳳眼酒窩洛迦花，
為吃腐乳叫呱呱。
世事炎涼度苦華，
神州菩薩呵護她。

和老實說夜半鐘聲

夜半鐘聲華爾茲，
大貓小鼠一窩子。
老實貓爪電貝斯，
見獨鼓足 camus。
禪瘋方歌嘶嘶嘶，
逍遙便唱吱吱吱。

和老實說大乘小乘一團糟

大乘小乘忙賽馬，
球員裁判亂嘩嘩。
裁判騎馬嗒嗒嗒，
球員吹哨唰唰唰。
觀眾掉頭嘛嘛嘛，
淨法回來咔咔咔。

和老實說明月高掛心頭嶺

明月高掛心頭嶺，
孤峰獨立一片雲。
誰人踏浪繫風鈴，
逍遙蹈海戲波鄰。

回念初無相內功

無相內功算個啥？
青菜蘿蔔才最嗲。
要學老大無影花，
多長痘痘挖挖挖。

拉雜說今年

舉頭遙望明月天，
低頭鼻涕掛嘴邊。
去年自語窩早遷，
拉雜開花說今年。

拉雜樂

樂罷昨宵樂今宵，
拉雜天天玩笑鬧。
無有憂愁無有惱，
神仙呃嘴比不了。

拉雜淘

拉拉雜雜滿是寶，
老實半夜又來淘。
瘋子哭鬧不睡覺，
先子學乖 bobo 叫。

拉雜寂廖

陽光普照實在好，
人來車往喧嚷吵。
看看這兒很熱鬧，
大夥沒來也蕭條。

瘋仔剃頭才回來，
老小忙完歇著沒？
老實夜半在哪癲，
逍遙瘋嘴不咩咩。

慈玫惜緣要註銷，
苦海妙觀門外靠。
莎莎來時靜悄悄，
拉拉雜雜也寂廖。

拉雜樂翻天

拉雜天天樂翻天，
有人笑來有人顛。
老實彈琴玫舞絹，
先子吹簫遙提劍。
禪瘋拎刀作陪練，
見獨空揮太極拳。
紫竹沙沙輕功傳，
銀波閃閃水上轉。

夏思

垂首沉思座朝南，
筆墨方浸考卷染。
豪雨襲窗暑意寒，
驟步階臺緒悄栽。
遙想陸遊戍輪臺，
夜闌雨摧沙場前。
老驥伏櫪志難改，
只恨夢裏光陰短。

調侃萬法歸一

老萬開口連珠炮，
不是老公就寶寶。
一天到晚嘻嘻笑，
樂得牙齒往外跳。

和萬法歸一我本紫宵宮中仙

我本無影逍遙仙，
時去時來衣姿翩。
今生顛沛在塵間，
開開心心邂舊緣。

回萬法歸一囡囡良心狠

萬法歸一太囉嗦，
聊是論非話真多。
身處偏境心難握，
老是唧呱不靜坐。

和萬法歸一煩煩

逍遙不煩老萬煩，
老萬到處去掛單。
煩，煩，煩，
桃花源與香巴拉，
怎麼還是紙上帆？
難，難，難，
人隱桃源心難安。

和萬法歸一返樸歸真

返樸歸真理簡單，
鬧來鬧去做很難。
不說之說無法說，
疾風暴雨早回頭。
走南闖北去掛單，
聊天作詩比文采。
生死顛倒難自在，
瘋瘋癲癲念多散。

五一來了

清風拂面涼爽爽，
燕子啾啾穿過廊。
大人小孩意興盎，
五一來了旅遊忙。

天氣晴朗真是好，
阿狗阿貓到處跑。
街上 MM 漂漂漂，
懷裏貓貓喵喵喵。

不太乖

寶寶從來不太乖，
雞毛蒜皮叫歪歪。
東西南北亂點菜，
腦門貼金真是汗。

叼根香煙坐板凳，
二郎腿翹老娘恨。
上學純粹是瞎混，
長大怎麼把錢掙？

粗菜淡飯

青菜荳白味道好，
饅頭油條也不孬。
感恩知足善業造，
長養慧命真正寶。

七夕

展卷讀經度七夕，
纖思清舒比眉齊。
天上牛郎會織女，
樹上虐狗有黃鸝。

撲克牌

思緒百般夢裏回，
唯寄深情紅桃 A。
撲克牌上寫人生，
美醜百態盡在中。
撲克牌上看人生，
業緣果報太沉重。

糖葫蘆

小小糖兒圓又甜，
寶寶眼睛滴溜旋。
搶了拽在手裏邊，
旁邊誰也不讓見。
伸出舌頭舔一舔，
嚼了兩下牙齒黏。

月夜

月亮黃黃掛天邊，
星星閃閃勁眨眼。
瘋瘋嘴巴敞開懷，
夢裏摘星好助眠。

鴨子

鴨媽媽，鴨小崽，
游來游去樂悠哉。
嘎嘎嘎，嘎嘎嘎，
藍藍湖水暖暖船。

回 Bymoon（一）

力辯誠需要，
瞑眩更是寶。
若為吃飯故，
兩者皆可拋。
肚皮填個飽，
嗓門永不倒。

回 Bymoon（二）

一人吃，
兩人飽，
這個邏輯不太妙，
Bymoon 肚裏有蹊蹺？
你爭我辯呱呱叫，
當下就是這麼搞！

和禪瘋子彩票

今晚開獎六合彩，
萬千彩民瞪眼待。
電視機前脖仰酸，
杠龜杠龜鳴哀哉。

今晚開獎六合彩，
萬千彩民瞪眼待。
夜夜夢想發大財，
陷餅總掉別人袋。

餡餅總掉別人袋，
最大驚喜兩百元。
買買買買都是衰，
就是五元也不沾。

和禪瘋子城門雞蛋糕

城門城門雞蛋糕，
萬水千山蟲星瓢。
一體平懷晴湛貌，
也無驚瀾也無濤。

秋天的清晨

從恍惚中醒來
我的臉頰有滴滴清淚
記憶的畫面如潮如白雲翩翩
如清風拂過姿態萬千
你的影子忽隱忽現

每個夜晚難以成眠
你憂鬱的眼神似鐵蹄繽紛
踏過我纖弱泥濘的靈魂
你可曾聽見
我的心碎　如玫瑰般盛開

秋天的清晨　椒江空濛
通往你老家的大橋涼風襲人
霧濕的廣場不再有夜的喧囂
你停車駐足　流連不歸
而我　早已走遠

我不出門　怕清新的氣息中彌漫歡樂的味道
在污濁的空氣中慢慢蒼老
可悲的
我可以走得很遠
卻走不出這個傷感的秋天

等待

我是如此簡單，如此清洌，如泉。
你是如此簡單，如此醇厚，如酒。
遇見你，我會衝你燦爛一笑，
然後，躲到你的懷裏哭泣。
為你，為你這麼多年的疲憊。
為我，為我這麼多年的孤寂。

我一直在等待你的到來。
而你，卻遲遲不肯出現。
我也曾迷失，彷徨。
選擇堅持，只因始終相信，
你是我生命的奇跡。
你的到來，是我生命最真切的渴望。

我用一顆澄澈的心，迎接你的到來。
人生，如此短暫。
我要用，未來的兩萬個日子，
深深地，把你依戀，
深深地，讓你眷戀。

回憶

回憶是心靈的牧歌
在草原上悠揚　回蕩
我頷首　回望
那來時的路上
灑下一串串彷徨
時而青翠　時而澀黃
在青與藍　地與天的邊上
所有的色彩　交融　芬芳
我昂首　彈起一指風哨
向那遙遠　極致地方
將自己放逐　讓自己放浪

輸贏　對立

輸贏不過是局棋
交手中看清自己

輸的呼天搶地
贏的歡天喜地
手舞足蹈　姿態各異
積習立顯　光怪陸離

輸贏不過是局戲
欠你的還你
強求　佈來世棋局

輸贏不過是一時路迷
我用輸贏將你對立
你用輸贏拒我千里

輸贏不過是又一次解密
放飛情緒　用自己去愛你
你在我心裏　渾然一體

無輸無贏
無對無立

你的詩篇

四年前你寫給我的詩篇，爛漫翩躚。
四年後再讀，有感動綿綿。
不想知你曾走過的錯陌阡阡，
不想去想像 當我決絕 你扭曲的臉。

爭爭奪奪的結果總是，
有人歡喜有人失眠。
在……最後揭曉以前，
我竭力，讓傷害 降到最低點。

世間太多男女為情困纏，
深愛過，痛徹過，懂你執著解你願。
願你快樂，願你有幸福的明天！
願你們快樂，擁有幸福安詳的每一天！

了結

在疲累的時候，
總是想有所了結。
不是相消於遠望，
就是相忘於凝眸。

我靜靜躺著，閉眼，
過去的日子如這清波，
調皮俏趣，脆笑如鈴，
彈光弄影，輕捉我足……

已經很久了嗎？
我已經麻鈍，還是習已成疾？

我在沙灘擱淺，
怒潮來時，讓我作個了斷！

在轉身之前離去

在轉身之前離去
我以為會比較徹底

用一個陌生人作比
驗證的不過是自私
而不是勇氣

用傷害賭氣
輸的不是我　也不是你
是　真情義

這遊戲是機智　還是癡愚
這命題　到最後
不是乏力　而是跑題

在轉身之前離去
我以為會比較佔得先機
雖然早已破落　支離

再見不是朋友
這句話　一點沒錯
不過是　一轉身的距離
我　不認識你

第四篇　醒即菩提

醒即菩提（一）

色空不異在原地，
我是戲子也是棋。
輪回無期苦尋覓，
恍然夢醒即菩提。

醒即菩提（二）

苦痛掙扎感受深，
百味交集體悟沉。
人生劇場演出真，
恍然夢醒覺性呈。

醒即菩提（三）

莫名情緒突來襲，
驀然驚醒只瞬息。
無明火起心扭曲，
熊熊燃燒全是欲。
回光返照內觀己，
林林總總從何起。
性空真火生猛擊，
本來面目當下契。

無明（一）

無明煩惱方寸牽，
於苦痛間毫釐現。
逆行而棄息如弦，
順進而取念猶懸。
如如不動何曾前，
寂寂原地踱又踮。
烈烈火海化紅蓮，
方稱逍遙自在仙。

無明（二）

吃喝拉撒步蹣跚，
晃晃悠悠行雲間。
無量風光本眼前，
明無明者活脫仙。

無明（三）——無明即明

無明即明何須明，
廓然大淨體自清。
流水迢迢那伽定，
楊柳依依獅子庭。

諸佛法身

諸佛法身遍處在，
無時無刻曾離開。
佛入眾生心想中，
何分南北與西東。

大夢難覺

法身慧命真寶藏，
光天耀地礦工荒。
大夢難覺爭奪忙，
醒時明明無一樁。

和 Lym 一日不見路已分

閉目不覺路已分，
再見重逢更忘深。
同是天涯淪落客，
可知原本一法身。

哪裡來

如來藏　藏如來，
輕輕焰幻光明海。
若問我從哪裡來，
十方三世不離前。

和善友一曲逍遙拂塵風

一曲紅塵因緣風，
逍遙一世問真衷。
講有講無百態叢，
藏心有無妙真空。

和善友一樣米飼百樣人

百樣人兒一米飼，
百態人生因緣斯。
講無生有妙真司，
講有見無藏心池。
有無之間問真師，
哈哈笑笑一世擲。
拂風世情紅塵癡，
一曲清涼逍遙志。

藉物擷花心法偏
——感 Lym "百丈萬門開"

姹紫嫣紅色萬千，
百花妖嬈目光牽。
競開次第絕世妍，
蔓妙花圃闊無邊。
花情種種風兒憐，
嬌笑綿綿眾人戀。
伸手欲採遍竹圈，
無籬無篾盡陳現。
欲罷不能苦留連，
花依迎風俏恬恬。
非是幻境將眼騙，
藉物擷花心法偏。
應無破有萬門添，
一念即成一方田。

夜來捨妄

夜風拂來夜花香，
赤誠一片付汪洋。
且捨浮生諸妄想，
證得涅槃回故鄉。

故鄉

此鄉彼鄉不二鄉，
煙雨迷蒙問夕陽。
萬億僧祇亦當下，
五濁常飄蓮花香。

兩岸

此岸彼岸返何艱，
來來往往渡舟遠。
霍然一瞬悟門開，
不來不去本如來。

天上天下

天光光　地光光，
天上天下界十方。
佛土無邊廣無框，
眨眼踏蓮隨詣訪。

識性真瘋（一）

識得彌陀天地寬，
阿彌陀佛坐中間。
欲瘋難瘋根基淺，
真到瘋時性盡顯。

識性真瘋（二）

識得自性風流仙，
微笑常置眉宇間。
癡癡癲癲念不偏，
悠悠哉哉天地旋。

漏（一）

來時光溜溜，
去時樂悠悠。
隨性蕩千秋，
礙啥啥就丟。

漏（二）

礙啥啥有漏，
真空實宇宙。
飛雪黃昏後，
融淨塵世垢。

鏡

看你很不爽，
心頭草莽莽。
倆倆相對望，
明明鏡一方。

秋風冬風

秋風何時惹冬風，
平地凸峰把路橫。
無緣無故瞎起拱，
視如無睹路自通。

一月一日聽咒（一）

繼往開來大悲咒，
一月一日齊聽頌。
光明頓現異時空，
只聽心跳通通通。

一月一日聽咒（二）

南無觀自在菩薩，
尊者無處不在啊。
心念不正即關卡，
自生魔幻來度化。

人性

非是人性不堪探，
著一情字真假辨。
三毒俱全定力淺，
即知心癲性未見。

渾沌

清池落一藤，
剎那攪渾沌。
觀者見其狀，
紛紛哀其髒。
不復清漣祥，
抽身欲離樣。
娑婆真道場，
從來迷離相。
清蓮淤泥養，
垢淨倆無恙。

逃禪

苦栽細護花無影，
風雨逍遙花自開。
迷禪醉禪禪逃遠，
瘋瘋癲癲禪紛來。

心塵

我佛慈悲渡眾生，
靜躁參差不分等。
莫責他人陷泥坑，
亂誰視線誰心塵。

和禪瘋子忍

善緣惡緣無須忍，
忍字當頭必有塵。
心頭有塵雙眼蒙，
置一桿秤常自稱。
慈生無邊常懷恩，
才是娑婆擺渡人。

究竟

苦海洶湧生靈荼，
舟橫無人誰來渡？
緣起緣落定戲譜，
法界十方有還無。
究竟本為偶拾物，
遁入輪回人之初。

說空

說空容易證空難，
不空說空事來煩。
欲求難填苦萬般，
掏空便成真如海。

一物不悟

冥頑不靈歎悲苦，
一物不悟攔路虎。
菩提路上沉與浮，
哪壺不開提哪壺。

真假用功

用功用功說用功，
徒勞不力無用功。
什麼才是有用功，
思來想去真用功。
真用功本假用功，
假用功乃真用功？
非也非也白用功，
白用功當沒用功。
用而無功用啥功，
用功不如不用功。
埋頭用功苦用功，
怎麼都是無用功。

和老實說仰望蒼天（一）

仰望蒼天無邊隙，
宇宙之力瞬間即。
獨行滄海眉前戲，
驀然回首千百偈。

和老實說仰望蒼天（二）

仰望蒼穹憂無邊，
成住壞空一瞬間。
萬靈塗炭愁眉前，
悲海慈航千百年。

和老實說痘痘

老實半夜詩興發，
尋痘遙至蓬萊崖。
痘痘何須四處挖，
自生自消是曇花。

自在行

境界虛影世界嬌，
自行化他甘折腰。
笑傲江湖銜空花，
遊戲自在寫神話。

靜明樂

仰天長嘯自孤高，
俯首默耕也英豪。
狂消瘋歇淨樂邀，
和光同塵靜明耀。

和先子致靜明萬緣小歇亭

萬緣小歇靜明顯，
蓬萊不敢佳亭恬。
緣聚緣散逍遙殿，
明月無事照人閑。

和蓬萊不敢先子宇宙之力

成住壞空棋中局，
宇宙之力即菩提。
無形無相藏太虛，
隨所應化身千億。

和蓬萊不敢先子湯圓（一）

一碗湯圓溜溜圓，
十方善信事佛前。
有情有義滴滴連，
有緣有份因果泉。

和蓬萊不敢先子湯圓（二）

一個白碗六湯圓，
五蘊色身六根全。
盤盤點點又圈圈，
如來藏門遍大千。

酒色財氣聲犬馬（一）

酒色財氣聲犬馬，
六道輪回永作家。
撥無因果樂哇哇，
地獄大門等著他。

酒色財氣聲犬馬（二）

酒色財氣聲犬馬，
見性菩薩無作法。
業淨情空折夢花，
看破放下大實話。

真如戲

來而不往非是禮，
是非恩怨輾轉續。
真情真意真如戲，
處處都是極樂地。

幻夢無常

幻夢無常起深悲，
陽春三月日初輝。
漠漠紅塵滿目灰，
漫漫寂途路猶迴。

利谷欲壑

利谷欲壑罪滔滔，
苦海浮沉似孤瓢。
怎堪遍地俱業壕，
誰人救汝出汙淖。

欲海驚瀾

遙望歸期未有期，
無量無邊綿劫祁。
欲海驚瀾常號啼，
駭波輾轉何時息？

酒一杯

紅塵濁音酒一杯，
娑婆夢裏幾度回。
迷離茫惘總欲醉，
感同身受不由悲。

性中庵

一句彌陀性中庵，
佛號聲聲是仙山。
無有羈來無有絆，
任遊太虛樂也哉。

念彌陀

百川終將匯大海，
毗盧遮那體周遍。
攝受無邊彌陀願，
光壽無量我侍前。

善護口業

因因果果汝難明，
是是非非繞口令。
開口閉口三塗因，
善護口業莫譏輕。

夢醒時分

夢到醒時方恨短，
烈獄仿似繁星天。
因緣和合巧安排，
彌陀端坐紫蓮臺。

彌陀情

昏昏復昏昏，
紛紛漫天塵。
踽踽孤行人，
懵懵覓路程。

親親復親親，
菩提久劫行。
彌陀繫一心，
母子會寂情。

回萬法歸一（一）

萬法歸一尋無跡，
寶池碧葉本來奇。
靈知妙覺冥無息，
流霜秋楓遞祖意。

回萬法歸一（二）

萬法歸一唯心淨，
莫縱己心騁外星。
本地風光寂寂惺，
幽然回眸起悲情。

回萬法歸一（三）

老實做人第一寶，
萬法歸一僅此道。
勾心鬥角算計超，
惡途枕頭你搶抱。

回萬法歸一（四）

萬法歸一要心淨，
一念不著是秘因。
縱然會得真如性，
悲智雙運起大行。
上論壇　逛 Q 群，
千奇百怪從未寧。
念念不住真清明，
阿彌陀佛常叮嚀。

學法門無他

逍遙幫主無影花，
眉開眼笑樂哈哈。
好好學習瞧人家，
時時反觀莫自誇。
煩惱上門練踢踏，
地獄天堂轉念化。
要學法門也無他，
老老實實聽佛媽。

青蟹（一）

青蟹青蟹命一條，
煎炒炊炸無處逃。
貪生怕死亂揮螯，
輪回道上路迢迢。

青蟹（二）

青蟹青蟹身無常，
反復顛倒換衣裳。
了生脫死求穩當，
稱念彌陀往西方。

發露偈

渾渾噩噩廿幾年，
殺生無數罪蓋天。
而今發露告親冤，
洗心懺改慰靈痊。

和萬法歸一嘻嘻嘻嗚嗚嗚

嘀嘀嘀　嗒嗒嗒，
青燈一盞由心發。
古佛常伴不離家，
煩惱苦樂菩提花。

哩哩哩　啦啦啦，
萬法歸一瞎說啥。
滿嘴鞭炮劈劈啪，
呲牙裂嘴叫哇哇。

呲牙裂嘴嘿嘿嘿，
彌勒菩薩喜顏開。
難容能容乾坤袋，
平等歡喜流性海。

和萬法歸一奇奇怪怪

奇亦奇　怪亦怪，
老頭老太齊暈菜。
禪淨念佛本無派，
誓不兩立門外漢。

和萬法歸一一天到晚笑哈哈

一天到晚笑哈哈，
哆唻咪發嗦唏啦。
世間萬法作吉它，
有事沒事鼓打打。

和萬法歸一人間大傻瓜

最是人間大傻瓜，
功名利祿視如花。
天堂地獄一缸砸，
自作聰明攀附它。

和萬法歸一一萬萬一

說空容易證空難，
名聞利養看不穿。
是非不平埋心田，
一萬萬一計又掂。

和見獨妄從覺來

水起雲湧綴滿天，
妄風徐來轉復覺。
垂瞼俯笑繁錦園，
碧池清蓮時時開。

回小神子

結廬市井亦神境，
廬山小路礙大行？
處處指月月難明，
明明大道也畸徑。

新年海邊遊

一張老臉迎新年，
兩腳踩著東海水。
非故非新春常在，
不增不減幾時添？

和禪瘋子往事已矣（一）

往事歷歷不可追，
仿佛冷風將我吹。
蘭心慧質佛號隨，
峰高眺遠鳥跡回。

和禪瘋子往事已矣（二）

往事如灰隨風吹，
萬里江山恍如飛。
諸佛菩薩紮一堆，
深悲莫由雙淚垂。

和禪瘋子往事已矣（三）

往事歷歷影孤錐，
情深淙淙曲觴水。
即便無常奪命槌，
無來無去我是誰。

和禪瘋子往事已矣（四）

無來無去原地唯，
滿目瘡痍白骨堆。
縱是名山祿峰圍，
無執如風不必追。

和禪瘋子天上人間（一）

天上人間我最嗲，
隻手扶蓮紫衣紗。
即便無常愛稱霸，
一縷春風悄入化。

和禪瘋子天上人間（二）

天上人間我不落，
身在世俗心遊化。
此生紅塵把浪踏，
來生再當奉塵剎。

和禪瘋子午夜在徘徊（一）

是誰午夜在徘徊，
幫主心中無掛礙。
若是無常早明白，
何必後悔當初念。

和禪瘋子午夜在徘徊（二）

曲終人散太開懷，
同往西天見如來。
阿鞞跋致不退轉，
高預海會大暢快。

和禪瘋子我本觀音懷中眠

我本鄉野一村姑，
常念彌陀蓮花塢。
嚕嚕嚕嚕嚕嚕嚕，
咕咕咕咕咕咕咕。

醒來早

個人生死各人了，
天南地北無處逃。
無作妙力自在寶，
三十二應難思妙。
顛倒癡人心機高，
二十三身換衣袍。
南柯一夢醒來早，
星星大地共善導。

無限好

花開紅塵無限好，
春夏秋冬自逍遙。
苦樂酬債染業消，
斷惡修善淨土造。
業盡情空至涅槃，
大地眾生共佛顏。

夢中事

虛名浮利促人狂，
錦上添彩更迷茫。
空花水月築道場，
夢中佛事鼓磬響。

蒼生情

昨夜星辰昨夜夢，
展轉回首路已朦。
千山獨行仃孤峰，
芸芸蒼生情卻同。

問路

路上問路幾多苦，
前世今生逐迷途。
襤褸敝屣斜眉處，
煙波浩淼法性湖。

也說靈魂出竅

識得本心一念間，
不識本心無量劫。
前門是村後門店，
左奔右跑不得閑。
善惡造作輪回錢，
因果報應業相牽。
靈魂出竅一縷煙，
生生世世如流遷。

中陰

中陰境相幻影逼，
孑然離友無處棲。
光怪陸離業相吸，
虛生浪死難暫息。
此刻現起真的你，
無生無死光明體。

法性頌

火海烈焰不曾燃，
鐵獄冰林亦無改。
五濁惡世猶未減，
殊妙極樂不能拴。

聽茉莉花

法身如來示塵勞，
無取無著無上道。
茉莉花開香常飄，
高跟鞋上青蛙跳。

輕羽

片片輕羽飛去來，
天上人間遍徘徊。
舞塵弄雲不拈沾，
無去無來本涅槃。

金剛般若（一）

金剛解義無所住，
千萬法門由空出。
般若波羅我相除，
不落兩邊事中修。

金剛般若（二）

金剛般若無所住，
大千世界囊中庫。
阿耨多羅無生樹，
涅槃菜盤兩不誤。

塵囂

滾滾紅塵丈幾許，
狂瀾不遮清洌渠。
瀝瀝塵囂妙音雕，
一體平波落花飄。

業緣果報（一）

業緣果報不思議，
是非恩怨使人迷。
前赴後繼揮意氣，
永陷輪迴深坑裏。

業緣果報（二）

業緣果報非是虛，
染淨天殊可稱奇。
愛欲造作輪迴泥，
莫溺其中不捨離。

回 Bymoon 木女寒山

豪情壯志欲織編，
氣概萬千根底淺。
木女寒山哪樣減，
浴火沐冰俱化蓮。

跆拳道

極樂娑婆共寂光，
紅黃藍綠本無雙。
非柔非剛非非剛，
剛柔並驅清涼方。

色迷

色不迷人人自迷，
色性本是幻華翳。
迷迷離離兩相宜，
桃粉櫻紅說旖旎。

小樓閑思

小樓倚坐冷眼望，
靜觀成敗莫張狂。
因果不昧稱性王，
哪比庸碌名利忙。

致天臺月悟法師

月映涅盤天，
悟宣妙蓮臺。
法敷一乘教，
師詮圓頓觀。

和諦弘法師周遭瑣碎

周遭瑣碎今朝修，
時時覺照不為囚。
圓明湛然千古秋，
世世不住無明遊。

評王治全太平洋上好釣魚

太平洋上人和魚，
緣來相遇一竿倚。
一般佛性一般衣，
我今旁觀寸心寄。
他日佛前樹下聚，
共沐法水共菩提。

無明（四）——見牢

無明是一間無邊無際的牢，
知見就把我困在牢中央。
我知見立知很迷惘，
在覺上加覺很彷徨，
如何我才能穿透這見牢？
識賊就這樣纏著你不放，
家珍卻這樣從來都不藏。
曾聽說無明本虛妄，
卻明上復明多癡狂，
問你何時能照見這心光？
（music：張學友《情網》）